S.O.S. terrible

Illustrated by
Kheya Siddiqui

Cover design by
Kristy Placido

**by
Carrie Toth**

Edited by
Carol Gaab

Copyright © 2021 Fluency Matters
All rights reserved.

ISBN: 978-1-64498-310-2

Fluency Matters, P.O. Box 11624, Chandler, AZ 85248
info@FluencyMatters.com • FluencyMatters.com

A Note to the Reader

This compelling Comprehension-based™ reader is inspired by real people and their tremendous impact on global issues. With 338 high-frequency unique words, it is an ideal read for intermediate level language learners.

All words and phrases that are used in the text are listed in the glossary at the back of the book. Keep in mind that many words are listed in the glossary more than once, as most appear throughout the book in various forms and tenses. (Ex.: I go, he goes, let's go, he went, to go, etc.) Vocabulary structures that would be considered beyond an intermediate level are footnoted within the text, and the meanings are given at the bottom of the page where each first occurs.

We hope you enjoy reading your way to FLUENCY and are inspired by the efforts of ordinary people to achieve some of the United Nation's 17 Goals for Sustainable Development in the process.

Índice

Prólogo: Los objetivos del desarrollo sostenible i

1: Objetivo 13: Acción por el clima 1

2: Objetivo 14: Vida submarina 11

3: Objetivo 7: Energía asequible y no contaminante. 20

4: Objetivo 15: La vida en los ecosistemas terrestres. 28

5: Objetivo 4: Educación de calidad 36

6: Objetivo 1: Fin de la pobreza 45

Glosario 56

United Nations Sustainable Development Goals web site:
https://www.un.org/sustainabledevelopment/

SDG poster used with permission from the United Nations.

The content of this publication has not been approved by the United Nations and does not reflect the views of the United Nations or its officials or Member States.

¿Cuáles son los objetivos del desarrollo sostenible?

OBJETIVOS DE DESARROLLO SOSTENIBLE

1 FIN DE LA POBREZA	2 HAMBRE CERO	3 SALUD Y BIENESTAR	4 EDUCACIÓN DE CALIDAD	5 IGUALDAD DE GÉNERO	6 AGUA LIMPIA Y SANEAMIENTO
7 ENERGÍA ASEQUIBLE Y NO CONTAMINANTE	8 TRABAJO DECENTE Y CRECIMIENTO ECONÓMICO	9 INDUSTRIA, INNOVACIÓN E INFRAESTRUCTURA	10 REDUCCIÓN DE LAS DESIGUALDADES	11 CIUDADES Y COMUNIDADES SOSTENIBLES	12 PRODUCCIÓN Y CONSUMO RESPONSABLES
13 ACCIÓN POR EL CLIMA	14 VIDA SUBMARINA	15 VIDA DE ECOSISTEMAS TERRESTRES	16 PAZ, JUSTICIA E INSTITUCIONES SÓLIDAS	17 ALIANZAS PARA LOGRAR LOS OBJETIVOS	

En septiembre del 2015, la Asamblea General de las Naciones Unidas adoptó un plan para el desarrollo sostenible del planeta. Este plan de acción no solo propone soluciones para proteger a las personas, el planeta y la prosperidad, sino también tiene la intención de reforzar la paz universal y darles a todos los habitantes del mundo acceso a la justicia.

Sostenible

Las naciones que son parte de la asamblea reconocen que, en la actualidad, el mayor desafío[1] mundial es la erradicación de la pobreza. Estas naciones afirman que, para poder lograr los otros objetivos de desarrollo sostenible, es necesario erradicarla.

La Agenda 2030 para el Desarrollo Sostenible propone 17 Objetivos de Desarrollo Sostenible. Estos objetivos son:

1. Fin de la pobreza
2. Hambre cero
3. Salud y bienestar
4. Educación de calidad
5. Igualdad de género
6. Agua limpia y saneamiento
7. Energía asequible y no contaminante
8. Trabajo decente y crecimiento económico
9. Industria, innovación e infraestructura
10. Reducción de las desigualdades

[1]*desafío - challenge*

Prólogo

11 Ciudades y comunidades sostenibles

12 Producción y consumo responsables

13 Acción por el clima

14 Vida submarina

15 Vida de ecosistemas terrestres

16 Paz, justicia e instituciones sólidas

17 Alianzas para lograr los objetivos

En este libro se explorarán los objetivos 1, 4, 7, 13, 14 y 15.

Capítulo 1
Objetivo 13: Acción por el clima

«No podemos continuar viviendo como si no hubiera un mañana, porque la realidad es que hay un mañana».

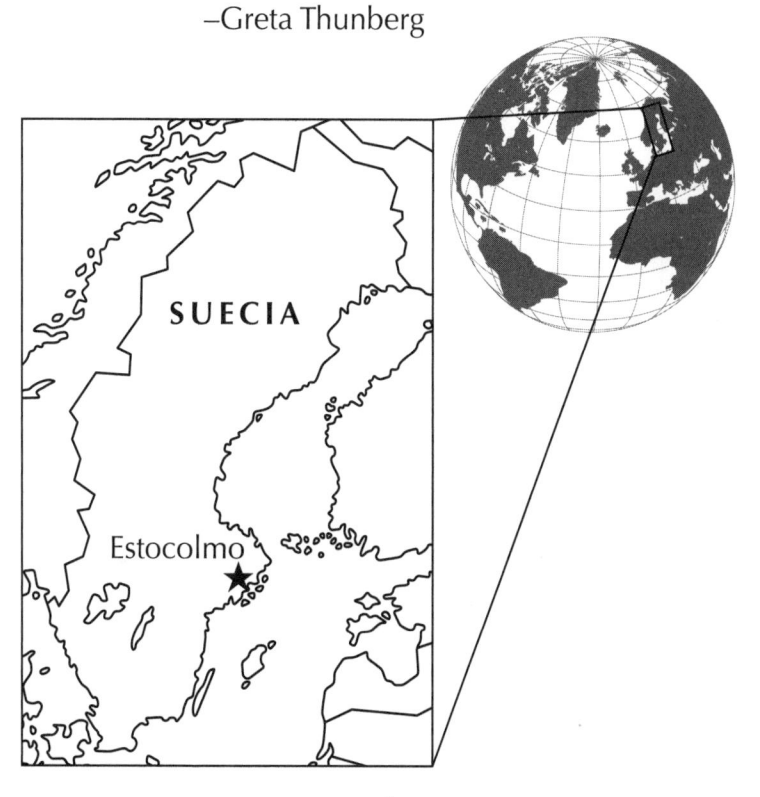

–Greta Thunberg

Sostenible

Cuando tenía 10 años, Greta Thunberg, una joven de Estocolmo, Suecia, tuvo una experiencia que le cambió la vida. La maestra de Greta decidió enseñarles a sus

Capítulo 1

estudiantes cómo el cambio climático afecta el ártico. La maestra les puso un documental y los estudiantes lo miraron con ella. En el documental, los estudiantes vieron cómo el cambio climático afecta a los osos polares. Vieron que estos animales tienen mucha hambre porque ya no hay suficiente comida, y también vieron que los *icebergs* están desapareciendo. Después de ver el documental, la clase habló sobre las diferentes cosas que afectan el clima.

La maestra les enseñó que el cambio climático no solo afecta las regiones polares sino que también afecta a todos los países del mundo. Existe evidencia del cambio climático en Australia, donde el cambio en la temperatura del océano está destruyendo los arrecifes de coral. También existe evidencia del cambio climático en la frecuencia y magnitud de las tormentas que se producen por todo el mundo.

Al final de la lección, los otros niños de la clase estaban tristes. Ellos querían ayudar a los osos polares y a los otros animales que viven en el ártico, pero eran niños... y, en poco tiempo, ya estaban pensando en otras cosas. Pero Greta era diferente a sus compañeros de clase. Ella tiene un trastorno del espectro autista y, por

3

Sostenible

eso, no podía dejar de pensar en el video. Ella se obsesionó con lo que había visto. A ella le afectó mucho ver a los osos polares sufriendo.

Greta comenzó a sentirse tan deprimida que no tenía hambre. Después de varios días sus padres estaban muy preocupados porque ella necesitaba comer. Ellos no comprendían por qué ella estaba tan triste. Trataron de convencerla de que todo iba a estar bien, pero ella todavía tenía miedo.

El tiempo pasó y Greta todavía no podía comer. Ella comenzó a sufrir los efectos de la desnutrición: se estaba enfermando. Quería comer, pero simplemente no podía. Tenía mucho miedo. Sus padres la llevaron a ver al médico. Él les dijo que Greta estaba sufriendo de depresión.

Después del diagnóstico, los padres de Greta trataron de convencerla de que todo iba a estar bien…, de que no necesitaba preocuparse tanto por el clima. Ellos solo querían confortar a su hija y ayudarla a que saliera de esa depresión. Muy pronto, el padre de Greta realmente comenzó a escuchar lo que su hija les estaba diciendo y, finalmente, comprendió que ella tenía razón. Había tratado de convencer a Greta de que todo iba a

Capítulo 1

Sostenible

estar bien pero, en realidad, era él quien necesitaba cambiar de opinión. El mundo estaba en peligro y su hija quería ayudar a salvarlo.

La familia de Greta comenzó a hacer todo lo posible para no contaminar el planeta. Quería reducir la huella¹ que estaban dejando. Greta y sus padres comenzaron a cultivar frutas y vegetales en casa. Además, instalaron paneles solares en su casa para tener energía sostenible y decidieron dejar de comer carne. Greta sabía que las emisiones de gases de invernadero están destruyendo el planeta y que esa industria es la responsable de una gran parte de esas emisiones. Finalmente, decidieron dejar de viajar en avión. Fue una decisión difícil para la madre de Greta porque tiene que viajar mucho a causa de su trabajo, pero ella sabía que, desde el año 1990, las emisiones de dióxido de carbono habían aumentado en un 50 %.

Cuando su familia comenzó a cambiar sus hábitos, Greta comenzó a comer otra vez. Con todos los pequeños cambios que hacía su familia, Greta comenzó a tener más interés en hacer cambios que tuvieran un impacto mundial. Tenía mucho miedo por el futuro del planeta, pero el miedo ya no la estaba paralizando..., ¡la estaba inspirando!

Capítulo 1

En agosto del 2018, Greta tomó una decisión. Decidió hacer una huelga por el clima. Un viernes, Greta decidió no ir a la escuela. Ella fue al parlamento de Suecia con un letrero que decía: «Huelga por el clima» y se sentó sola enfrente del parlamento durante todo el día.

Sostenible

A las tres, cuando normalmente salía de la escuela, su padre llegó al parlamento y los dos regresaron a su casa.

¡Qué valiente! ¡Una joven de 15 años hizo una protesta sola!

Una semana más tarde, Greta regresó al parlamento y, para su sorpresa, otro estudiante estaba ahí para protestar con ella. Eso era muy importante para Greta porque ya no estaba protestando sola.

La siguiente vez que Greta fue al parlamento vio que había más estudiantes. Todos querían que el parlamento implementara estrategias para proteger el clima. Querían que el parlamento implementara los objetivos del Acuerdo de París, un acuerdo que hay entre casi 200 países que dice que van a reducir el impacto negativo que ellos tienen en el planeta.

Cada viernes había más y más estudiantes. Así, a finales del año de 2018, había cientos de estudiantes en Suecia protestando con Greta. Por su trastorno del espectro autista, a Greta no le gusta estar con mucha gente, pero sabía que la gente que venía a las protestas también quería salvar el planeta.

Capítulo 1

Los maestros querían que Greta fuera a la escuela los viernes, pero Greta insistió en que el futuro del planeta era mucho más importante que ir a la escuela. Ahora hay millones de estudiantes por todo el mundo demandando que sus países protejan sus futuros porque ¡el cambio climático no solo afecta a los jóvenes de Suecia! ¡Nos afecta a todos!

El 20 de septiembre del 2019, 4 millones de personas participaron en una protesta nacional contra el cambio climático. Hasta ahora, todas las protestas han sido organizadas por estudiantes. Es uno de los movimientos estudiantiles más grandes del mundo. Ahora, Greta y estudiantes de todo el mundo participan en *Fridays for Future* porque quieren que sus países actúen agresivamente para cambiar las prácticas que causan la contaminación ambiental.

En el 2019, la revista *Time* nombró a Greta la «persona del año» por los cambios que ella está inspirando. En una asamblea de líderes en Suiza, Greta dijo: «Quiero que entren en pánico. Quiero que sientan el miedo que yo siento todos los días… y quiero que actúen». ¡Parece que los líderes están escuchando su mensaje! ¡Hasta el Papa Francisco lo está escuchando!

Sostenible

Greta quiere que otros estudiantes también tomen acción en sus comunidades. Según las Naciones Unidas, entre 1981 y el 2002, la producción de maíz se redujo en 40 megatones como resultado del aumento de la temperatura ambiental. La cantidad de hielo y nieve se ha reducido y el nivel del mar ha aumentado. Entre los años 2000 y 2010, las emisiones de dióxido de carbono aumentaron más que en las tres décadas previas. ¡El planeta está en peligro! ¿Cómo podemos ayudarlo?

Capítulo 2
Objetivo 14: Vida submarina

«Cuando el avión estaba aterrizando, vi lo que pensé que eran líneas enormes de algas marinas…, pero en realidad eran bolsas de plástico. La playa estaba completamente cubierta de plástico».

–Alex Schulze

Sostenible

Andrew Cooper y Alex Schulze eran dos jóvenes amigos que iban a comenzar la aventura más impactante de sus vidas. Se habían conocido en la universidad donde, por mucho tiempo, habían conversado sobre su sueño de surfear en Bali, Indonesia, después de su graduación. Por fin, en el 2015, ya tenían suficiente dinero para ir a Bali. Finalmente iban a tener la oportunidad de vivir su sueño: iban a nadar, surfear y pasar unas vacaciones increíbles en algunas de las playas turísticas más bonitas del mundo…, ¿o no iba a ser así?

Cuando llegaron a la playa, se sorprendieron de inmediato. La playa no era prístina y bonita como ellos habían imaginado. Estaba completamente cubierta de basura. Por toda la playa vieron botellas y bolsas de plástico, botellas de vidrio y muchas otras cosas, además, vieron que cada ola se llevaba más y más basura al océano. Los dos muchachos eran de Florida y estaban acostumbrados a las playas turísticas, y sabían que esas playas siempre se mantenían limpias y prístinas. Esta era una de las playas más populares de Bali. ¿Por qué no estaba limpia? Comenzaron a caminar y a hablar con la gente que vivía en Bali y descubrieron algo inimaginable.

>–¿Por qué no limpian esta playa? –le preguntaron a un salvavidas en la playa.

Capítulo 2

El hombre los miró y les dijo:

—Sí, la limpian. De hecho, la limpiaron hace solo unas horas.

El salvavidas les dijo que toda la basura que estaban viendo era solamente la que había llegado a la playa después de que la limpiaron esa mañana. Les explicó que, por las corrientes del agua cerca de Indonesia, la basura

Sostenible

se acumula en las playas de Bali y, como resultado, tienen que limpiarlas varias veces al día. Les dijo que frecuentemente limpian hasta 100 toneladas de plástico en las playas de Bali en un solo día.

Más tarde, fueron a una playa muy popular con los surfistas y vieron a unos pescadores que estaban en el agua. Sus botes estaban navegando entre varias islas de plástico flotante. Cada vez que atrapaban plástico o basura con sus redes, la regresaban al agua. Alex y Andrew les preguntaron:

– ¿Por qué regresan el plástico al agua?

Los pescadores les respondieron:

– Porque no nos pagan para atrapar plástico, nos pagan para atrapar peces.

Alex y Andrew no lo podían creer. La crisis del plástico, que no era tan visible donde vivían, era mucho peor de lo que se habían imaginado. El impacto en el medio ambiente era alarmante, pero la gente no sabía qué hacer. Habían pasado sus vidas cerca del océano y querían hacer algo para encontrar una solución.

Durante la mayor parte del 2016, Alex y Andrew pasaron el tiempo pensando en el problema que el plástico estaba causando a los océanos. ¿Cómo podían ayudar a la gente no solo de Bali sino también de su comunidad? ¿Cómo podían incentivar a los pescadores para que atraparan plástico y protegieran la vida marina? Pensaban en las playas cerca de Boca Ratón, Florida, donde vivían, y en la basura que también allí había en el agua y, finalmente, tuvieron una idea. ¡Iban a formar una compañía que combatiera la contaminación del agua por plástico!

Sostenible

Diseñaron un logo para su nueva compañía e hicieron un prototipo para una pulsera unisex hecha de materiales reciclados que estaban en la playa, como vidrio y plástico. Iban a vender las pulseras por veinte dólares e iban a usar el dinero para limpiar el océano. Consideraron formar una organización benéfica, pero querían poder actuar y crecer rápidamente y, por eso, decidieron formar una compañía dedicada a una causa social.

Su compañía, 4Ocean, abrió en el 2017. Desde entonces, su misión es que, con la venta de cada pulsera, se remueva una libra[1] de plástico del océano. Además de ayudar al océano, están ayudando a la gente de Bali. Producen las pulseras en la isla y, como resultado, pueden ofrecerles trabajos buenos con un salario justo a sus residentes.

Querían tener el mayor impacto posible, así que comenzaron su misión en Boca Ratón, donde vivían, y también en países donde la basura de plástico y vidrio se acumula con regularidad. Lo primero que decidieron hacer fue contratar de tiempo completo a varios capitanes de barcos y a otros trabajadores locales de Bali para que limpiaran las costas.

[1] libra - pound

Capítulo 2

Es un trabajo difícil porque se estima que 8 millones de toneladas de basura de plástico llegan al océano cada año y que Indonesia y China son responsables de más del 20 % de la basura. De hecho, en el 2018, varios oficiales de Bali declararon que la isla tenía una emergencia de basura.

Sostenible

Andrew y Alex usan el dinero que ganan vendiendo las pulseras de 4Ocean para contratar a más empleados y también para organizar días especiales en que los voluntarios pueden ayudar a limpiar las playas de Florida, Haití y Bali. En tan solo año y medio, 4Ocean limpió 500 toneladas de basura de los océanos, y la compañía sigue creciendo. Ahora tiene más de 200 empleados dedicados a salvar los océanos de la contaminación. Para finales del año 2019, ya habían extraído casi 8 millones de libras de basura del océano.

La compañía tiene una pulsera especial de color azul que se considera la pulsera simbólica de 4Ocean, pero cada mes ofrece una pulsera especial de un color diferente. Hay una pulsera de color café para representar a las tortugas marinas y una aguamarina para los delfines.

Los voluntarios de 4Ocean trabajan con otros grupos, como la Sociedad Global de Pingüinos, para llamar la atención del público a animales marinos que están en peligro. ¡La pulsera de los pingüinos emperadores es negra y amarilla!

La presencia de contaminantes en las aguas costales es responsable de la muerte de muchas criaturas marinas. Estos contaminantes aumentan el dióxido de carbono del agua y causan su acidificación. En aguas ácidas, hay más algas y las algas consumen el oxígeno que necesitan los otros organismos. De los 63 ecosistemas marinos más grandes del mundo, el 16 % están en peligro.

Los océanos, desde sus temperaturas hasta la vida que contienen, son esenciales para la vida en el planeta. Son vitales para el comercio y el transporte. Además, el océano regula el tiempo, la lluvia[2] y hasta el oxígeno que respiramos. ¡Protegerlos es nuestra responsabilidad!

[2]lluvia - rain

Capítulo 3
Objetivo 7: Energía asequible y no contaminante

«Mi hijo tiene seis años y, en el 2050, cuando tenga mi edad, quiero poder decirle que hicimos todo lo que estuvo en nuestras manos para combatir el cambio climático y con ello darle la oportunidad de vivir en un mundo mejor».

–Carlos Alvarado Quesada

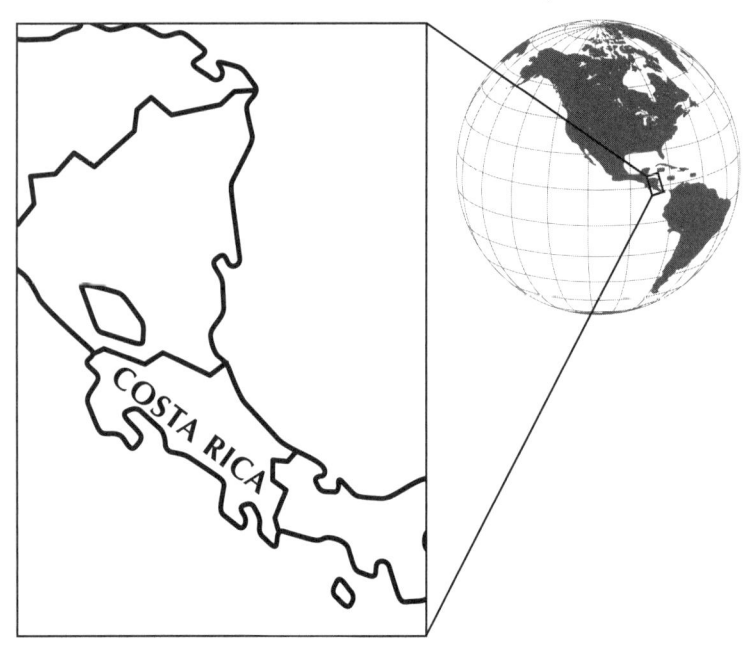

Capítulo 3

Costa Rica, un país que atrae a turistas de todo el mundo. Está situado en América Central, entre el océano Pacífico y el mar Caribe. Es un pequeño país, con un clima perfecto, que solo ocupa el 0.03 % de la superficie[1] del mundo, pero que posee el 6 % de la biodiversidad del planeta. En Costa Rica hay 500 000 especies diferentes de flora y fauna. Hay 9000 especies de flores. ¡Es uno de los 20 países más biodiversos del mundo!

La gente que vive en ese diverso país depende del turismo, pero todos comprenden la importancia de proteger la naturaleza. Junto a varios oficiales y políticos del país, el presidente Carlos Alvarado Quesada ha trabajado mucho para que Costa Rica llegue a ser el país más verde del mundo. En el 2019, el mismo año que *Time* honró a Greta Thunberg, el presidente apareció en *Time Magazine* como una de las 100 personas más influyentes del futuro por sus acciones por el clima.

El 12 de diciembre del 2015, Costa Rica fue una de las 196 naciones que firmó el Acuerdo de París, un plan de las Naciones Unidas para mitigar los problemas causados por los gases de invernadero. Según este plan, las

[1]*superficie - surface*

Sostenible

naciones participantes tienen que determinar los problemas de contaminación que están causando sus países, para así poder planear y reportar las medidas que están tomando para ayudar a mitigar el calentamiento global.

De todos los países que han firmado el acuerdo, Costa Rica es el ejemplo a seguir. El acuerdo es, para muchos países, el primer paso en la mitigación de los problemas. En Costa Rica, la protección de la naturaleza no comenzó con el Acuerdo de París. Desde hace más de 17 años, los costarricenses han estado trabajando para recuperar los bosques del país que fueron destruidos por las industrias agrícola y de la construcción. Costa Rica se había dado cuenta de que sus bosques estaban desapareciendo. Sin los árboles, era imposible mitigar la producción de los gases de invernadero producidos por los carros, la industria y la producción de energía. Ahora que han recuperado casi el 25 % de la selva tropical perdida, Costa Rica casi no produce emisiones carbónicas. Esto es importante porque ¡el 50 % del país es boscoso!

Además de recuperar los bosques, desde el año 2015, Costa Rica ha expandido el uso de energías renovables. En el 2016, el país funcionó durante 76 días seguidos usando solo energía renovable y, en el 2019,

Capítulo 3

pudo funcionar así durante 299 días seguidos. ¡Es increíble! ¿No?

Para el año 2030, el país quiere poder funcionar usando solamente energía renovable y, para el año 2050, el gobierno del país quiere ser 100 % neutral en carbono o tener un balance de carbono positivo. ¿Qué significa

Sostenible

ser neutral en carbono? Significa que un país tiene tanta vegetación que puede compensar por completo las emisiones de gases de invernadero. El carbono neutral es el equivalente a un resultado neto de cero emisiones. Para compensar las emisiones producidas, un país necesita mucha vegetación y, por eso, es importante reducir las emisiones con energía renovable.

El problema es que hay muchos escépticos. La gente de otros países frecuentemente le dice al presidente Alvarado que no es posible llegar a ser neutral en carbono. Él no los escucha. En una entrevista televisada, el presidente dijo: «El mundo necesita valor. Había muchos escépticos cuando Costa Rica eliminó sus fuerzas militares hace 70 años, pero salió bien. Para poder reducir las emisiones, el país necesita metas ambiciosas y positivas. Por eso lanzamos metas claras, optimistas y fundadas en planes».

En el 2019, Costa Rica produjo el 99.62 % de la energía del país usando fuentes renovables como la energía hidráulica. En el país hay una abundancia de ríos que se usan para producir el 78 % de la electricidad que necesitan. La energía hidráulica se produce cuando el agua pasa por turbinas.

Capítulo 3

Aunque la energía hidráulica representa la mayor parte de la energía renovable producida en el país, Costa Rica es un país volcánico y, por eso, tiene muchas fuentes de energía geotérmica. La energía geotérmica se produce del vapor que sale de los volcanes. El vapor pasa a unas turbinas que se usan para generar electricidad. En el año 2019, el 10 % de la energía renovable producida en Costa Rica fue geotérmica.

Al visitar Costa Rica, se puede ver otra fuente de la energía renovable por todas partes: los molinos[2] de viento. Estos molinos de viento producen un tipo de energía limpia llamada energía eólica[3]. Esta energía, derivada de las turbinas de viento, representa el 10 % de la energía renovable que se usa en el país.

Aunque solo representa el 0.84 % de la energía que se consume en el país, la energía solar también forma parte de las fuentes de energía renovables que se producen en Costa Rica. En muchos hoteles del país hay paneles solares, además, en el campo, también se pueden ver 'granjas' de energía solar en las que hay miles de paneles solares.

[2]*molinos de viento - windmills*
[3]*energía eólica - wind energy*

Sostenible

Todo el esfuerzo de Costa Rica para reducir las emisiones de gases de invernadero con las energías renovables ha tenido un gran impacto positivo para el medio ambiente. En Costa Rica, los carros, autobuses y taxis producen la mayor parte de las emisiones de gases de invernadero. Por eso, Costa Rica tiene como objetivo eliminar los carros que usan petróleo y aumentar el uso de carros eléctricos. ¡Está estimado que para el año 2030, el 70 % de los autobuses y taxis del país van a ser eléctricos! Y para el año 2050… ¡el 100 %!

Por sus impresionantes esfuerzos para proteger el medio ambiente y por su dedicación a combatir el cambio climático, Costa Rica se ha ganado varios premios. En el 2010, ganó el Premio de Política del Futuro por su política de biodiversidad y, en el 2011, fue nominado otra vez por sus políticas forestales.

Celebrado por su sustentabilidad, en el 2019, Costa Rica fue nombrado Campeón de la Tierra por su rol en la protección de la naturaleza y su política para combatir el cambio climático. Ese país de tan solo 5 millones de habitantes solo produce el 0.4 % de las emisiones mundiales. Las otras naciones del Acuerdo de París pueden usar como modelo a Costa Rica para reducir sus emisiones de gases de invernadero.

Capítulo 4
Objetivo 15: La vida en los ecosistemas terrestres

«Su memoria apasiona nuestro espíritu de protección por todas las especies del planeta».
–Parque Galápagos, 2014

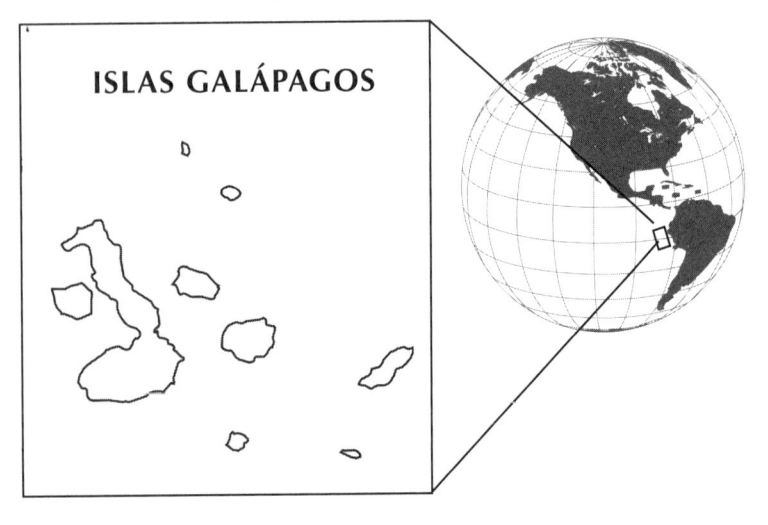

El 24 de junio del 2012, la gente de las islas Galápagos se despertó con una triste noticia. Solitario Jorge, la última tortuga pinta, había muerto de causas naturales. Durante 40 años, los científicos habían tratado de ayudar a que Jorge se reprodujera, pero no tuvieron éxito. Sin

Capítulo 4

poder hacer nada, la gente de Galápagos y de todo el mundo presenció la extinción de una especie. Pero... ¿quién era Jorge?

En las islas Galápagos, la conservación de la flora y la fauna local es la prioridad. Desde su descubrimiento en 1535, los seres humanos han introducido diferentes especies de flora y fauna invasoras a las islas. Una especie invasora es una especie nueva que les causa problemas a las especies endémicas de una zona.

Entre 1570 y 1820, varias comunidades de bucaneros usaron las islas como base principal para atacar a los botes españoles que llevaban a España los metales preciosos que encontraban en el Nuevo Mundo. Cuando los bucaneros llegaron a la costa de las islas, llevaban ratas de barco entre sus posesiones. Esas ratas se convirtieron en uno de los depredadores de las especies que vivían en las islas.

Los primeros colonos llegaron a las islas en 1831. Estos colonos llevaron cabras,[1] cerdos[2] y gatos que causaron problemas en el balance ecológico de la zona. La vida en las islas era difícil porque tenía acceso limitado

[1]*cabras - goats*
[2]*cerdos - pigs*

Sostenible

al agua dulce. Por eso, las primeras colonias no duraron mucho tiempo… pero, hasta hoy, los animales que llevaron continúan causando destrucción.

Entre 1946 y 1959, existió una colonia penal ecuatoriana en la isla Isabela, los prisioneros y sus captores introdujeron plantas invasoras del continente[3] que competían con las plantas endémicas por la poca agua dulce que hay en las islas. Como no había suficiente agua, la prisión desapareció, pero las plantas que llevaron continúan invadiendo la isla.

Ya para 1959, era evidente que las especies invasoras eran un gran problema para las islas. Se sabía que, en poco tiempo, iban a eliminar toda la biodiversidad. Para combatir los efectos de estas especies, los gobiernos de Ecuador y de las Galápagos buscaron la ayuda de científicos de todo el mundo. Sabían que era imperativo proteger la biodiversidad de esas importantes islas.

En 1959, los dos gobiernos formaron una fundación ambiental a la que llamaron Fundación Charles Darwin, en honor al famoso científico que había visitado las islas en 1835. Su objetivo era establecer un centro de investigaciones donde pudieran estudiar y preservar los ecosis-

[3]*continente - mainland (Ecuador)*

Capítulo 4

temas de las islas. Ese mismo año, la fundación comenzó la construcción de la Estación Científica Charles Darwin en la isla Santa Cruz.

En 1964 completaron la construcción del centro y comenzaron a trabajar con la gente que vivía en las islas para eliminar las especies invasoras y proteger las especies endémicas. Las islas Galápagos tienen más de 2000 especies endémicas, lo que significa que solo se encuentran en estas islas y que, por eso, deben ser protegidas.

En 1971, un científico húngaro, József Vágvölgyi, llegó a la isla Pinta para hacer investigaciones con la

Sostenible

Fundación Darwin. Su objetivo era estudiar los caracoles[4] de la isla. Un día, por casualidad, encontró una tortuga. ¡Hasta entonces, los científicos creían que todas las tortugas de las islas Santa Fe, Floreana y Pinta estaban extintas! Fue un descubrimiento increíble. Llamaron a la tortuga Solitario Jorge porque había estado viviendo solo en la isla por muchos años. Solitario Jorge se convirtió en el símbolo de la importancia de la conservación de la flora y la fauna de las islas.

En 1972, llevaron a Jorge a la Estación Científica Charles Darwin para protegerlo. Comenzaron a cuidarlo y trataron de hacer que se reprodujera. Llevaron al centro varias tortugas de otras islas que tenían material genético similar al de Jorge, pero no tuvieron éxito. Los huevos no produjeron tortuguitas bebés. En el 2012, cuando Jorge murió, su especie desapareció…, pero quizás no para siempre. Los científicos todavía tienen su material genético y tienen planeado continuar buscando la forma de reproducir tortugas pintas de laboratorio en el futuro.

Cuando Jorge murió, lo llevaron al Museo Americano de Historia Natural que está en Nueva York, EE. UU.

[4]*caracoles - snails*

Capítulo 4

En el museo , especialistas en taxidermia embalsamaron[5] a Jorge. El proceso duró varios meses y costó mucho dinero, pero en el 2015, Jorge regresó a su país y, en el 2017, a las islas.

[5]*embalsamaron - they preserved his body*

Sostenible

Hoy en día, miles de turistas visitan la Estación Científica Charles Darwin para aprender sobre las tortugas Galápagos y la conservación del ecosistema. Los visitantes pueden ver a Solitario Jorge en una exhibición dedicada a su vida y a la reproducción de las tortugas que viven en el centro. Con el dinero que genera el turismo, los científicos pueden continuar sus investigaciones y, como resultado, ayudar a la conservación de las otras especies de tortugas que viven en las islas.

La Fundación Charles Darwin no solo trabaja con tortugas gigantes. Trabaja con toda la flora y fauna de las islas. Los científicos que trabajan en las islas también están tratando de eliminar las especies invasoras, reintroducir plantas a sus hábitats naturales y proteger a los otros animales que habitan en esa zona. Ellos hacen experimentos, buscan nuevas técnicas agrícolas y hacen observaciones para garantizar que la vida en las islas continúe siendo diversa y abundante.

En el 2018, Galápagos Verde 2050, uno de los muchos proyectos de la fundación, fue reconocido durante los Premios Latinoamérica Verde. El proyecto intenta hacer una restauración ecológica en varias islas e implementar técnicas agrícolas sostenibles. Galápagos Verde es solo un ejemplo de todo lo que está haciendo el gobierno ecuatoriano para proteger las islas Galápagos. El objetivo del gobierno ecuatoriano es garantizar que, en el futuro, la gente de todo el mundo pueda continuar visitando las islas para ver todas las especies endémicas que viven ahí.

Capítulo 5
Objetivo 4: Educación de calidad

«En esta escuela creemos que una persona debe ser meticulosa en todo lo que hace. Si se va a hacer algo, que se haga bien».
   –Dwight Bransford,
      Head of The West End School,
      Louisville, KY

Capítulo 5

En 1990, Robert Blair estaba viviendo en Nueva Orleans, Luisiana. Robert, un maestro de primaria, tuvo la oportunidad de trabajar con un programa que se llamaba Summerbridge. Los niños que participaban en el programa vivían en las áreas más pobres de la ciudad y, durante seis semanas en junio y julio, tenían la oportunidad de asistir a las mejores escuelas independientes de la ciudad. Estudiaban con los maestros de esas escuelas y tenían acceso a las oportunidades que otros estudiantes tenían diariamente.

Durante las seis semanas del programa, Robert y los otros voluntarios de Summerbridge podían ver los avances educativos de los niños. Robert solo podía pensar en lo injusto de esa situación: los niños de las comunidades más necesitadas no recibían la misma educación que los niños privilegiados. ¿Cómo iban a tener las mismas oportunidades en la vida si no tenían buenas escuelas ni acceso a diferentes deportes y artes?

En la década de los 90, Robert era el director de una escuela independiente en Louisville, Kentucky, y fue entonces cuando pudo ver más claramente la magnitud de la desigualdad de oportunidades que había entre la gente privilegiada y la gente con menos recursos. Observó que Louisville era una comunidad muy segregada y que las

Sostenible

oportunidades educativas que existían para la gente privilegiada del East End no existían para la gente más necesitada del West End. Robert vio que había un problema y decidió hacer algo para solucionarlo.

En el 2005, Robert y su esposa Debbie vendieron su casa, que estaba en la parte este de la ciudad de Louisville, para rentar una casa que estuviera más cerca del West End. Por fin, Robert iba a hacer su sueño realidad. Iba a abrir una escuela. Iba a abrir un internado donde los estudiantes iban a poder recibir la misma educación que los estudiantes de las escuelas independientes. Los estudiantes iban a vivir en el internado por tres años, del sexto al octavo grado, y después iban a tener la oportunidad de recibir becas para ir a los mejores colegios de la ciudad, pero… la casa que rentaban Robert y Debbie no era grande. ¿Iban a poder ayudar a todos los muchachos que necesitaban acceso a una buena educación? ¿Iban a hacer su sueño realidad?

Robert quería abrir un internado porque había trabajado y vivido en uno de ellos después de graduarse de la universidad. Sabía que una escuela en la que los estudiantes interactuaban las 24 horas del día, podía tener un gran impacto en sus vidas. Los niños vivirían en la escuela 5 días a la semana y regresarían a sus casas para

Capítulo 5

pasar el fin de semana con sus familias.

Durante los años que pasaron en Louisville, los Blair habían observado que era más probable que los muchachos del West End fueran a prisión o fueran asesinados que las muchachas. En el West End, los muchachos morían y eran arrestados con más frecuencia que las muchachas. Por eso, los Blair querían servirles con la escuela que iban a establecer.

Cuando iniciaron The West End School, la gente del West End estaba muy emocionada. Muchas escuelas y negocios habían abandonado el área. Les gustaba la idea de que una nueva escuela abriera para darles oportuni-

Sostenible

dades a los muchachos del West End.

Muchas personas de las dos partes de la ciudad querían ayudar a Robert y a Debbie porque sabían que al ayudar a los Blair, también iban a ayudar a los muchachos que asistieran a esa escuela. Una iglesia del West End había comprado una vieja escuela y planeaba convertirla en un centro comunitario. La iglesia decidió ofrecerles a los Blair el centro para que lo usaran para su escuela.

Al principio, la escuela era muy pequeña. En el primer año, solo 3 niños asistieron a The West End School. Ellos vivieron en la casa de los Blair. Todos los días iban a la escuela y, por la noche, regresaban a casa para practicar deportes y comer la cena.

Varios voluntarios del West End y amigos de los Blair del Fast End donaron dinero para que lo usaran en comida, equipo escolar y los salarios de los maestros que iban a darles las clases a los niños. Los residentes del West End estaban muy felices porque aunque la escuela pública del West End ya no existía, había una nueva. Robert y Debbie estaban felices porque, por fin, las dos partes de la ciudad dividida de Louisville estaban trabajando juntas para mejorar las vidas de estos muchachos.

Capítulo 5

En solo cuatro años, la escuela se había expandido tanto que los niños ya no podían continuar viviendo con los Blair. ¡No había espacio en su casa para todos los niños que querían asistir a The West End School! La iglesia, que les había dejado usar el edificio, quería ayudarles más. Los oficiales de la iglesia decidieron venderles el edificio a Robert y a Debbie por un dólar. Querían que la escuela siguiera ayudándoles a los muchachos del West End.

Los Blair le hicieron renovaciones al edificio para que los estudiantes pudieran vivir en dormitorios escolares. Había tantos estudiantes que Debbie ya no podía

Sostenible

preparar ella sola la comida para todos ellos. Las iglesias del West End, que siempre habían ayudado mucho a los Blair, comenzaron a preparar las comidas. Hasta hoy, les sirven 3 comidas al día, 5 días a la semana a los estudiantes, a los maestros y a la gente que visita la escuela. ¡Y no les cuesta nada!

Debbie dice que: «¡Los estudiantes comen comida como la que hay en los restaurantes más finos de la ciudad! Una de las voluntarias me dijo que el acto de comer debe ser una aventura».

En Kentucky, los deportes –como el básquetbol–, son muy importantes y en The West End School también es así. A los muchachos les encantan los deportes y todos los estudiantes de la escuela participan en los tres deportes que ofrecen: atletismo, fútbol y básquetbol. Robert dice que en los deportes hay muchas lecciones de vida y que quizás estas lecciones son más importantes que las lecciones académicas.

Los años pasaron rápido y todo iba muy bien en The West End School…, pero los maestros comenzaron a preocuparse. Los niños solo asistían a la escuela por tres años. Durante los primeros años de su educación, los años formativos, ellos todavía iban a las escuelas públicas de su comunidad donde las condiciones eran difíciles. Los maestros querían que Debbie y Robert expandieran la escuela. Querían continuar con el internado para los estudiantes de los grados 6 a 8, pero también querían una escuela para los estudiantes de Pre-Kindergarten a quinto grado. ¡Y la expandieron!

Hoy en día, más de 160 estudiantes asisten a The West End School. Robert y Debbie se jubilaron en el 2017, y el consejo escolar contrató a Dwight Bransford, un maestro de la escuela pública de Louisville, para que fuera el nuevo director. Los primeros estudiantes de la escuela se han graduado del colegio y de la universidad, y están ayudando a mejorar su comunidad. La escuela ofrece becas universitarias para ayudar a los estudiantes a que sigan sus sueños, como Robert siguió el suyo.

Sostenible

Ahora, los maestros de la escuela son tan diversos como los estudiantes que viven en el internado. Además, la comunidad continúa ayudando a los muchachos.

En The West End School quieren que los estudiantes sean responsables, respetuosos, perseverantes, y también que aprendan a perdonar y a confiar en otras personas. Creen que con estas características, no hay ninguna meta que sus estudiantes no puedan alcanzar. El director Bransford sabe que criar a un niño es responsabilidad de todo el pueblo y todos en The West End School están muy contentos porque el pueblo les ha ayudado a criar a los muchachos que asisten a esa institución educativa.

Capítulo 6

Objetivo 1: Fin de la pobreza

«No tienes que cambiar el mundo entero; solo tienes que cambiar el mundo de una persona».

–Premal Shah, co-fundador de Kiva

En el mundo, hay más de 1.7 mil millones de personas no bancarizadas[1]. Estas personas no tienen acceso a servicios bancarios ni tienen historial crediticio. Normalmente, los salarios de estas personas equivalen a menos de dos dólares al día y, la mayoría, son mujeres. Por cada 100 hombres pobres, hay 122 mujeres que no tienen lo necesario para vivir.

Elizabeth era una de esas mujeres. Ella vivía con su esposo en Uganda, África. Ellos se dedicaban a pescar y a vender el producto de la pesca en el mercado de la ciudad. El dinero que ganaban era poco; no era suficiente para comprar todo lo que necesitaban para vivir. ¡Ellos querían una vida mejor! En el 2005, Elizabeth le pidió un préstamo a una nueva organización llamada Kiva y,

[1] *no bancarizadas - having no access to a bank*

Sostenible

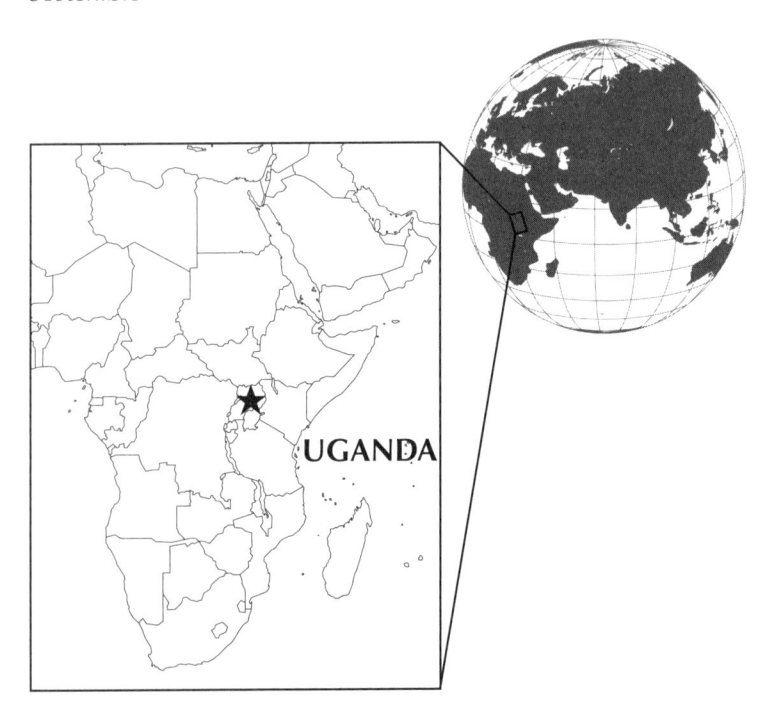

para su sorpresa, le dieron el préstamo. Elizabeth usó el préstamo para expandir su negocio de venta de pescados. Lo usó estratégicamente para comenzar a vender sus pescados en la ciudad y también en la costa del lago Victoria.

Kiva es una organización sin fines de lucro que fue fundada en el 2005 por Matt y Jessica Flannery y Premal Shah. Ellos fueron inspirados por Muhammad Yunus, recipiente del Premio Nobel de la Paz, y por su banco Gra-

Capítulo 6

Matt y Jessica Flannery

meen Bank. El banco Grameen les daba préstamos de microfinanza a las personas de Bangladesh. La microfinanza es una forma sostenible de dar préstamos sin intereses a la gente que no tiene lo necesario para vivir.

Matt y Jessica estaban viviendo en África cuando tuvieron la idea de formar su propia organización y, en el 2005, ellos, con su colega Premal Shah, le dieron su primer préstamo a Elizabeth. Desde el principio, la misión

Sostenible

Premal Shah

de los fundadores ha sido expandir el acceso a las finanzas de las comunidades más necesitadas del mundo.

En el 2006, pocos meses después de fundar Kiva, más de 1000 mujeres habían pedido préstamos y, a fines del 2006, la organización les había prestado más de 1 millón de dólares a mujeres de varios países de todo el

Capítulo 6

mundo. Cada año, Kiva prestaba más y más dinero y ayudaba a más y más gente, especialmente a las mujeres. El 81 % de los préstamos que funda Kiva son para las mujeres.

Pocos años después, en el 2010, cuando Oprah Winfrey mencionó el nombre de la organización en un segmento de su programa llamado *Mis cosas favoritas*, el sitio web de Kiva se hizo viral. ¡La gente donó más de 100 millones de dólares para financiar los préstamos de personas de más de 80 países de todo el mundo!

La organización sigue creciendo. Para el 2019, Kiva ya había prestado más de 1.3 mil millones de dólares a maestros, estudiantes, comerciantes y granjeros de más de 90 países diferentes. Un gran número de mujeres que estaban viviendo en la miseria recibieron casi mil millones de dólares. Es evidente que Premal, Matt y Jessica están realizando su misión. Y las mujeres que reciben los préstamos también. ¡Ellas están cambiando las vidas de sus familias!

Uno de los problemas mundiales que Kiva quiere solucionar es la falta de educación para los jóvenes, especialmente las niñas. Hay muchos obstáculos que les

Sostenible

impiden a estas muchachas completar 12 años de educación. Hay millones de muchachas en el mundo que no pueden ir a la escuela y, como resultado, no pueden seguir sus sueños.

En algunos países, no se les permite a las mujeres tomar clases a causa de diferentes normas culturales. En otros, las familias no pueden pagar los costos escolares. Y en otros, no hay maestros suficientes para enseñarles a todas las niñas del país. Todo esto genera un gran problema: 63 mil millones de muchachas que no pueden asistir a la primaria ni a la secundaria.

Además, la falta de acceso a la educación para las muchachas contribuye a los problemas financieros de un país. Se estima que, a lo largo de la vida de una persona, los países que no educan a sus muchachas pueden perder entre 15 y 30 mil millones de dólares. Las mujeres que no trabajan no pueden contribuir a la economía del país.

Meerim es una muchacha de Kirguistán. En su país, a causa de la inestabilidad política, hay un gran número de personas que no tienen lo necesario para vivir. Meerim quería estudiar Política Internacional, pero su familia no tenía dinero para su educación. ¡Esto es normal en

Capítulo 6

Kirguistán! La gente que vive en comunidades rurales necesita todo su dinero para sobrevivir. No pueden enviar a sus hijos a la universidad. Las mujeres que tienen una educación universitaria tienen más probabilidades de trabajar y de ganar el doble que las mujeres que no la tienen.

En el 2013, Kiva se asoció con la Universidad Americana de Asia Central (UAAC) para ofrecerles a los estudiantes de primer año préstamos estudiantiles sin intereses. En Estados Unidos, cuando un estudiante pide

Sostenible

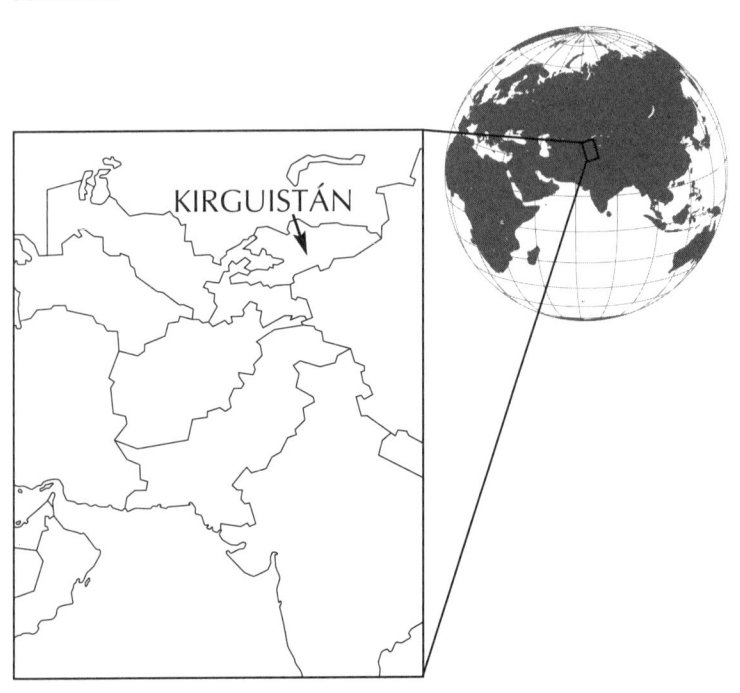

un préstamo, tiene que pagar intereses, los cuales son generalmente muy altos. Es más difícil pagar el préstamo cuando también se tienen que pagar intereses tan altos.

Los estudiantes que recibieron estos préstamos estudiantiles asistieron a la UAAC para obtener su título universitario. Además de su asociación con Kiva, UAAC se asoció con el Bard College de Estados Unidos para ofrecer un programa de doble titulación. Al graduarse, los

Capítulo 6

estudiantes de UAAC, también recibieron un diploma del Bard College.

Meerim pidió un préstamo de 1100 dólares para pagar sus estudios universitarios y 41 prestamistas lo financiaron. Meerim estaba muy feliz porque iba a poder ir a la universidad. ¡Iba a ser la primera persona de su familia en ir a la universidad!

Hoy en día, Meerim sigue estudiando. Le encanta su escuela y quiere ser un buen ejemplo para sus hermanas menores. Quiere que ellas también asistan a la universidad para tener un mejor futuro.

A Meerim le interesa la diplomacia y en el futuro quiere viajar por todo el mundo. Cuando se gradúe, Meerim tiene planeado pagar los préstamos que pidió y también cuidar de sus padres.

Kiva les ha ayudado a muchas mujeres como Elizabeth y Meerim a realizar sus sueños, y sus directivos no tienen planeado dejar de dar préstamos a las personas más necesitadas. Todavía hay más de mil millones de mujeres no bancarizadas en el mundo. Ellos quieren ayudar a todas y cada una de ellas, pero necesitan la ayuda de la gente de todo el mundo. Con una donación de solo

Sostenible

Los pasos para obtener un préstamo de Kiva

- Un individuo pide un préstamo.

- Kiva aprueba el préstamo.

- El préstamo aparece en el sitio web de Kiva.

- Prestadores de todo el mundo prestan su dinero.

- El individuo paga el préstamo.

- Los prestadores les prestan dinero a otros individuos.

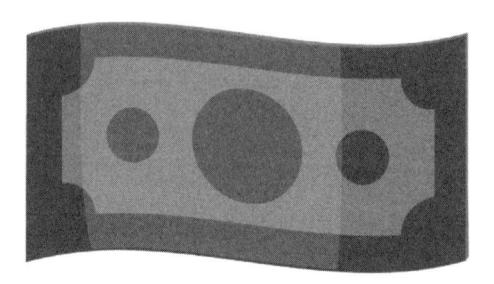

$25, una persona puede ayudar a financiar un préstamo de Kiva. El 100 % del dinero que le donan las personas a Kiva es usado para financiar un préstamo.

Con la ayuda de Kiva y de la gente que usa su plataforma para donar dinero, los estudiantes pueden pagar sus costos universitarios. Además, las mujeres pueden comenzar negocios, los granjeros pueden comprar equipo para sus granjas y las familias pueden sobrevivir diferentes tipos de emergencias de salud. En Kiva, con un préstamo de solo $25, una persona puede ser parte de la solución al problema mundial de la pobreza extrema. Como dijo Premal Shah, una persona no puede cambiar el mundo entero, pero sí puede cambiarle la vida a otra persona.

Glosario

A

a - at; to
abandonado - abandoned
(que) abriera - that s/he open
abrió - s/he opened; it opened
abrir - to open
abundancia - abundance
abundante - abundant
académicas - academic
acceso - access
acción - action
acciones - actions
ácidas - acid
acidificación - acidification
acostumbrados - accustomed
acto - act
(en la) actualidad - currently
actuar - to act
(que) actúen - (that) they act
acuerdo - agreement
acumula - it accumulates
además - besides; in addition
adinerada - wealthy
adinerados - wealthy
adoptó - s/he adopted
afecta - it affects
afectan - they affect
afectó - it affected
afirman - they affirm
agenda - agenda
agosto - August
agresivamente - aggressively
agrícolas - agricultural
agricultura - agriculture
agua - water
aguamarina - aquamarine
aguas - water
ahí - there
ahora - now
al - to the
alarmante - alarming
alcanzar - to reach
algas - algae
algo - something
algunos(as) - some
alianzas - alliances
allí - there
alto(s) - tall
amarilla - yellow
ambiciosas - ambitious
ambiental - environmental

Glosario

(medio) ambiente - environment
americano(a) - American
amigos - friends
animales - animals
año(s) - year(s)
apareció - s/he appeared; it appeared
apasiona - impassions
aprendan - they learn
aprender - to learn
árboles - trees
área(s) - area(s)
arrecifes - reefs
arrestados - arrested
artes - arts
ártico - Arctic
asamblea - assembly
asequible - affordable
asesinados - murdered
así - so
(que) asistan - (that) they attend
asisten - they attend
asistían - they were attending
(que) asistieran - (that) they attend
asistieron - they attended
asistir - to attend
asociación - association
asoció - s/he associated

atacar - to attack
atención - attention
aterrizando - landing
atletismo - track and field
atrae - it attracts
atrapaban - they trapped; caught
atrapar - to trap; catch
(que) atraparan - (that) they trap; catch
aumentado - increased
aumentan - they increase
aumentando - increasing
aumentar - to increase
aumentaron - they increased
aumento - increase
aunque - although
autista - on the autism spectrum
autobuses - buses
avances - advances
aventura - adventure
avión - plane
ayuda - s/he helps
ayudaba - I was helping; s/he was helping
ayudado - helped
ayudando - helping
ayudándoles - helping them
ayudar - to help

Sostenible

ayudarla - to help her
ayudarles - to help them
ayudarlo - to help him
azul - blue

B

balance - balance
bancarios - bank
(no) bancarizadas - unbanked
banco - bank
barco(s) - ship(s)
base - base
básquetbol - basketball
basura - trash
bebés - babies
becas - scholarships
benéfica - benevolent
bien - well
bienestar - well being
biodiversidad - biodiversity
biodiversos - biodiverse
boca - mouth
bolsas - bags
bonita(s) - pretty
boscoso - wooded
bosques - woods; forests
botellas - bottles
botes - boats
bucaneros - buccaneers

buen(a) - good
buenos(as) - good
buscan - they look
buscando - looking
buscaron - they looked

C

cabras - goats
cada - each
café - brown
calentamiento - warming
calidad - quality
cambiando - changing
cambiar - to change
cambiarle - to change
cambio(s) - change(s)
cambió - s/he changed; it changed
caminar - to walk
campeón - champion
campo - field
cantidad - quantity
capitanes - captains
captores - captors
caracoles - snails
características - characteristics
carbónicas - carbonic
carbono - carbon
caribe - Caribbean

Glosario

carne - meat
carros - cars
casa(s) - house(s)
casi - almost
casualidad - coincidence
causa(s) - cause(s)
causados - caused
causan - they cause
causando - causing
causaron - they caused
celebrado - celebrated
cena - dinner; supper
central - central
centro - center
cerca - near
cerdos - pigs
cero - zero
científico(a) - scientist; scientific
científicos - scientists; scientific
cientos - hundreds
ciudad - city
ciudades - cities
claramente - clearly
claras - clear
clase(s) - classes
clima - climate
climático - climate
co-fundador - co-founder

colegio(s) - school(s)
colonia(s) - colony; colonies
colonos - colonists
color - color
(que) combatiera - (that) s/he combat; fight
combatir - to combat; to fight
comen - they eat
comenzar - to begin
comenzaron - they began
comenzó - s/he began
comer - to eat
comerciantes - merchants
comercio - commerce
comida(s) - food(s)
como - like, as
cómo - how
compañeros - companions
compañía - company
compensar - to compensate
competían - they were competing
completamente - completely
completar - to complete
completaron - they completed
completo - complete
comprado - bought
comprar - to buy
comprenden - they understand

Sostenible

comprendían - they understood
comprendió - s/he understood
comunidad - community
comunidades - communities
comunitario - community
con - with
condiciones - conditions
confiar - to trust
confortar - to comfort
conocido - known
consecuencia - consequence
consejo - advice
conservación - conservation
considera - s/he considers
consideraron - they considered
construcción - construction
consume - s/he consumes
consumen - they consume
consumo - consumption
contaminación - contamination
contaminante(s) - contaminant(s)
contaminar - to contaminate
contentos - happy
contienen - they contain
continente - continent
continúa - s/he continues
continúan - they continue
continuar - to continue

(que) continúe - (that) it continues
contra - against
contratar - to contract; hire
contrató - s/he contracted; hired
contribuir - to contribute
contribuye - s/he contributes
convencer - to convince
convencerla - to convince her
conversado - conversed
convertirla - to convert it
convirtieron - they converted
convirtió - s/he converted
coral - coral
corrientes - currents
cosas - things
costa(s) - coast(s)
costales - coastal
costó - it cost
costos - costs
crecer - to grow
creciendo - growing
crecimiento - growth
crediticio - credit
creemos - we believe
creen - they believe
creer - to believe
creían - they believed

Glosario

criar - to raise
criaturas - creatures
crisis - crisis
cruz - cross
cuales - which
cuáles - which
cuando - when
cuatro - four
cubierta - covered
(se había dado) cuenta - had realized
cuesta - it costs
cuidar - to care for
cuidarlo - to care for it
cultivar - to cultivate
culturales - cultural

D

(les) daba - gave (them)
(se había) dado (cuenta) - s/he had realized
dar - to give
darle - to give him/her
darles - to give them
de - from; of; about
debe - s/he must
deben - they must
década(s) - decades
decente - decent
decía - it said
decidieron - they decided
decidió - s/he decided
decirle - to say to him/her
decisión - decision
declararon - they declared
dedicación - dedication
dedicada - dedicated
dedicados - dedicated
dejado - left
dejando - leaving
dejar - to leave
dejar de - to stop
del - from the; of the
delfines - dolphins
demandando - demanding
depende - depends
deportes - sports
depredadores - predators
depresión - depression
deprimida - depressed
derivada - derived
desafío - challenge
desapareciendo - disappearing
desapareció - s/he disappeared; it disappeared
desarrollo - development
descubrieron - they discovered
descubrimiento - discovery

Sostenible

desde - from; since
desigualdad - inequality
desigualdades - inequalities
desnutrición - malnutrition
(se) despertó - s/he woke up
después - after
destrucción - destruction
destruidos - destroyed
destruyendo - destroying
determinar - to determine
día - day
diagnóstico - diagnosis
diariamente - daily
días - days
dice - s/he says
diciembre - December
diciendo - saying
dieron - they gave
diferente(s) - different
difícil(es) - difficult
dijo - s/he said
dinero - money
dióxido - dioxide
diploma - diploma
diplomacia - diplomacy
directivos - directives
director - director
diseñaron - they designed
diverso(a) - diverse

diversos - diverse
dividida - divided
doble - double
documental - documentary
dólar - dollar
dólares - dollars
donación - donation
donan - they donate
donar - to donate
donaron - they donated
donde - where
donó - s/he donated
dormitorios - bedrooms
dos - two
(agua) dulce - fresh; sweet (water)
durante - during
duraron - they lasted
duró - it lasted

E

e - and
ecológico(a) - ecological
economía - economy
económico - economical
ecosistema(s) - ecosystems
ecuatoriano(a) - Ecuadoran
edad - age
edificio - building

Glosario

educación - education
educan - they educate
educativa - educational
educativos(as) - educational
efectos - effects
(por) ejemplo - (for) example
el - the
él - he
electricidad - electricity
eléctricos - electrical
eliminar - to eliminate
eliminó - s/he eliminated
ella - she
ellos(as) - they
ello - it
embalsamaron - they embalmed
emergencia(s) - emergencies
emisiones - emissions
emocionada - excited
emperadores - emperor
empleados - employees
en - in
(le) encanta - s/he loves
(les) encantan - they love
encontraban - they found
encontrar - to find
encontró - s/he found
encuentran - they found

endémicas - endemic
energía(s) - energy
enfermando - getting sick
enfrente - in front
enormes - enormous
enseñarles - to teach them
enseñó - s/he taught
entero - entire
entonces - then
entre - between
entren - they enter
entrevista - interview
enviar - to send
(energía) eólica - wind (energy)
equipo - team
equivalen - they equal
equivalente - equivalent
era - s/he was; it was
eran - they were
erradicación - eradication
erradicarla - to eradicate it
es - is
esa - that
esas - those
escépticos - skeptical
escolar - school
escolares - school
escucha - s/he listens to
escuchando - listening to

Sostenible

escuchar - to listen to
escuela - school
escuelas - schools
ese - that
esenciales - essential
esfuerzo - effort
esfuerzos - efforts
eso - that
espacio - space
España - Spain
españoles - Spanish
especial(es) - special
especialistas - specialists
especialmente - especially
especie(s) - species
espectro - spectrum
espíritu - spirit
esposo(a) - spouse
esta - this
está - s/he is; it is
estaba - s/he was; I was; it was
estaban - they were
establecer - to establish
estación - station
estado - state
estados - states
están - they are
estar - to be
estas - these
este - this
estima - esteem
estimado - esteemed
esto - this
Estocolmo - Stockholm
estos - these
estrategias - strategies
estudiaban - they studied
estudiando - studying
estudiante - student
estudiantes - students
estudiantiles - student
estudiar - to study
estudios - studies
(que) estuviera - (that) was
estuvo - was
evidencia - evidence
evidente - evident
exhibición - exhibition
existe - it exists
existía - it existed
existían - they existed
existió - it existed
éxito - success
expandido - expanded
(que) expandieran - (that) they expand
expandieron - they expanded
expandir - to expand

experiencia - experience
experimentos - experiments
explicó - s/he explained
explorarán - they will explore
extinción - extinction
extintas - extinct
extraído - extracted
extrema - extreme

F

falta - lack
familia - family
familias - families
famoso - famous
fauna - fauna
favoritas - favorites
fe - faith
felices - happy
feliz - happy
fin - end
(al) final - at the end
(a) finales - at the end
finalmente - finally
financiar - to finance
financiaron - they financed
financieros - financial
finanzas - finances
(a) fines - at the end
(sin) fines (de lucro) - non-profit
finos - fine
firmado - signed
firmaron - they signed
flora - flora
Floreana - Floreana Island, Galápagos
flores - flowers
flotante - floating
forestales - forest
forma - form
formar - to form
formaron - they formed
formativos - formative
frecuencia - frequency
frecuentemente - frequently
frutas - fruits
fue - s/he went; s/he was
fuente(s) - source(s)
(que) fuera - (that) s/he go; (that) s/he be
(que) fueran - (that) they go
fueron - they went
fuerzas - forces
funcionar - to function; to work
funcionó - it functioned; worked
funda - it funds
fundación - foundation

Sostenible

fundada(s) - founded
fundar - to found
fútbol - soccer
futuro(s) - future

G

Galápagos - Galapagos
ganaban - they earned
ganado - won
ganan - they earn
ganar - to earn
ganó - won
garantizar - to guarantee
gases - gases
gatos - cats
genera - generates
general - general
generalmente - generally
generar - to generate
género - gender
genético - genetic
gente - people
geotérmica - geothermic
gigantes - giant
global - global
gobierno(s) - government(s)
gracias - thank you
grado - grade; degree

grados - grades; degrees
graduación - graduation
graduado - graduated
graduarse - to graduate
gradúe - that s/he graduate
gran - great
grande(s) - big
granjas - farms
granjeros - farmers
grupos - groups
gusta - it pleases
gustaba - it pleased

H

ha - s/he has
había - there was; there were
había - I had; S/he had
habían - they had
habitan - they inhabit
habitantes - inhabitants
hábitats - habitats
hábitos - habits
hablar - to talk
habló - s/he talked
hace - s/he makes; s/he does
hace + period of time - ago
hacen - they make; they do
hacer - to make; to do
hacía - made

Glosario

haciendo - doing
haga - that s/he do
hagan - that they do
hambre - hunger
han - they have
hasta - until
hay - there is; there are
hecho(a) - done
hermanas - sisters
hicieron - they made
hicimos - we did
hidráulica - hydraulic
hielo - ice
hija - daughter
hijo - son
hijos - children
historia - history
historial (crediticio) - (credit) history
hizo - s/he made
(se) hizo (viral) - it became
hombre - man
hombres - men
honor - honor
honró - s/he honored
horas - hours
hoteles - hotels
hoy - today

(como si no) hubiera - (as if) there were (not)
huelga - strike
huella - footprint
huevos - eggs
(seres) humanos - human (beings)
húngaro - Hungarian

I

iba - s/he was going; I was going
iban - they were going
icebergs - icebergs
idea - idea
iglesia - church
iglesias - churches
igualdad - equality
imaginado - imagined
impactante - impactful
impacto - impact
imperativo - imperative
impiden - they impede; they hold back
implementar - to implement
(que) implementara - (that) it implement
importancia - importance
importante(s) - important
imposible - impossible

Sostenible

impresionantes - impressive
incentivar - to incentivize
increíble(s) - incredible
independiente(s) - independent
industria - industry
inestabilidad - instability
influyentes - influential
infraestructura - infrastructure
iniciaron - they initiated
inimaginable - unimaginable
injusto - unjust
inmediato - immediate
innovación - innovation
insistió - s/he insisted
inspirados - inspired
inspirando - inspiring
instalaron - they installed
institución - institution
instituciones - institutions
intención - intention
intenta - s/he attempts
interactuaban - they interacted
interés - interest
interesa - it interests
intereses - interests
internacional - international
internado - boarding school
introducido - introduced
introdujeron - they introduced

invadiendo - invading
invasora(s) - invasive
invernadero - greenhouse
investigaciones - investigations; studies
ir - to go
isla - island
islas - islands

J

joven - young
jóvenes - young
jubilaron - they retired
julio - July
junio - June
juntas - together
junto - together
justicia - justice
justo - fair

L

la - the; it
laboratorio - laboratory
lago - lake
lanzamos - we launched
largo - long
las - the; them
latinoamérica - Latin America
le - to him/her; for him/her

Glosario

lección - lesson
lecciones - lessons
les - to them; for them
letrero - sign
libra(s) - pound(s)
libro - book
líderes - leaders
limitado - limited
limpia(s) - clean
limpian - they clean
limpiar - to clean
(que) limpiaran - (that) they clean
limpiarlas - to clean them
limpiaron - they cleaned
limpió - s/he cleaned
líneas - lines
llamaba - s/he called
llamado(a) - called
llamar - to call
llamaron - they called
llegado - arrived
llegan - they arrive
llegar - to arrive
llegaron - they arrived
llegó - s/he arrived
(que) llegue - (that) s/he arrive
llevaba - it took
llevaban - they took
llevaron - they took
lluvia - rain
lo - it
local - local
locales - local
logo - logo
lograr - to achieve
los - the, them
(sin fines de) lucro - non profit

M

madre - mother
maestro(a) - teacher
maestros - teachers
magnitud - magnitude
maíz - corn
mañana - tomorrow
manos - hands
mantenían - they maintained
mar - sea
marina - marine
marinos(as) - marine
más - more
material - material
materiales - materials
(el/la) mayor - (the) greatest
mayoría - majority
me - to me; for me
médico - doctor

Sostenible

medidas - measures
medio - half
megatones - megatons
mejor(es) - better
mejorar - to improve
memoria - memory
mencionó - s/he mentioned
menores - younger
menos - less
mensaje - message
mercado - market
mes - month
meses - months
meta(s) - goal(s)
metales - metal
meticulosa - meticulous
mi(s) - my
microfinanza - microfinance
miedo - fear
mil - one thousand
miles - thousands
militares - military
millón - million
millones - millions
miraron - they looked at
miró - s/he looked at
misión - mission
misma(s) - same
mismo - same

mitigación - mitigation
mitigar - to mitigate
modelo - model
molinos (de viento) - (wind)mills
morían - they died
movimientos - movements
mucha - a lot
muchacha - girl
muchachas - girls
muchachos - boys
mucho - a lot
muchos(as) - a lot
muerte - death
muerto - died
mujeres - women
mundial - worldwide
mundiales - worldwide
mundo - world
murió - s/he died
museo - museum
muy - very

N

nacional - national
naciones - nations
nada - nothing
nadar - to swim
natural - natural

Glosario

naturales - natural
naturaleza - nature
navegando - sailing
necesario - necessary
necesita - s/he needs
necesitaba - s/he needed
necesitaban - they needed
necesitadas - needy
necesitan - they need
negativo - negative
negocio - business
negocios - businesses
negra - black
neto - net
neutral - neutral
ni - neither; nor
nieve - snow
niñas - girls
ninguna - none
niño - boy
niños - boys
nivel - level
no - no
(Premio) Nobel - Nobel (Prize)
noche - night
nombrado - named
nombre - name
nombró - s/he named; it named
nominado - nominated
normal - normal
normalmente - normally
normas - norms; rules
nos - to us; for us; us
noticia - news
nuestro(a) - our
nuestras - our
nuevo(a) - new
nuevas - new
número - number

O

o - or
objetivo(s) - objective(s)
observaciones - observations
observado - observed
observó - s/he observed
(se) obsesionó - s/he became obsessed
obstáculos - obstacles
obtener - to obtain
océano(s) - ocean(s)
octavo - eighth
ocupa - it occupies
oficiales - officials
ofrece - s/he offers; it offers
ofrecen - they offer
ofrecer - to offer
ofrecerles - to offer them

Sostenible

ola - wave
opinión - opinion
oportunidad - opportunity
oportunidades - opportunities
optimistas - optimists
organismos - organisms
organización - organization
organizadas - organized
organizar - to organize
osos - bears
otro(a) - other
otros(as) - others
oxígeno - oxygen

P

pacífico - Pacific
padre - father
padres - parents
pagan - they pay
pagar - to pay
país - country
países - countries
paneles - panels
pánico - panic
papa - dad
para - for
paralizando - paralyzing
parece - it seems
parlamento - parliament

parque - park
parte(s) - part(s)
participaban - they participated
participan - they participate
participantes - participants
participaron - they participated
pasa - it passes
pasado - spent
pasar - to spend
pasaron - they spent
paso - step
pasó - passed
paz - peace
peces - fish
pedido (préstamos) - asked for (loans)
peligro - danger
penal - prison
pensaban - they thought
pensando - thinking
pensar - to think
pensé - I think
peor - worse
pequeño(a) - small
pequeños - small
perder - to lose
perdida - lost
perdonar - to forgive
perfecto - perfect

Glosario

permite - s/he permits; s/he allows
pero - but
perseverantes - perseverant
persona - person
personas - people
pescadores - fishers
pescados - fish
petróleo - petroleum
pide - s/he asks for
pidió - s/he asked for
pingüinos - penguins
pinta(s) - from the island of Pinta
plan - plan
planeaba - s/he was planning
planeado - planned
planear - to plan
planes - plans
planeta - planet
plantas - plants
plantea - proposes
plástico - plastic
plataforma - platform
playa - beach
playas - beaches
pobre(s) - poor
pobreza - poverty
poco(a) - little

pocos - few
podemos - we can
poder - to be able to
podía - s/he could
podían - they could
polares - polar
política - politics; political
políticos(as) - politics; political
popular - popular
populares - popular
por - for
porque - because
posee - it possesses
posesiones - possessions
posible - possible
positivas - positive
positivo - positive
practicar - to practice
prácticas - practical
preciosos - precious
preguntaron - they asked
premio(s) - prize(s)
preocupados - worried
preocuparse - to worry
preparar - to prepare
presencia - presence
presenció - s/he witnessed
preservarlos - to preserve them
presidente - president

Sostenible

prestaba - s/he lent
(pedir) prestado - to borrow
prestamistas - lenders
préstamo(s) - loans
previas - previous
primaria - primary; elementary
primer - first
primero(a) - first
primeros(as) - first
principal - principal
(al) principio - (at the) beginning
prioridad - priority
prisión - prison
prisioneros - prisoners
prístina(s) - pristine
privilegiado(a) - privileged
probabilidades - probability
probable - probable
problema(s) - problems
proceso - process
producción - production
produce - produces
producen - they produce
producida - produced
producidos(as) - produced
producir - to produce
produjeron - they produced
produjo - it produced

programa - program
pronto - soon
propia - own
propone - s/he proposes
prosperidad - prosperity
protección - protection
proteger - to protect
protegerlo - to protect it
protegerlos - to protect them
protegidas - protected
(que) protegieran - (that) they protect
(que) protejan - (that) they protec
protesta - s/he protests
protestando - protesting
protestar - to protest
protestas - protests
prototipo - prototype
proyecto(s) - projects
públicas - public
público(a) - public
(que) pudieran - (that) they be able to
pudo - could
pueblo - town
(que) pueda - (that) s/he be able to
(que) puedan - (that) they be able to

74

Glosario

puede - s/he can
pueden - they can
pulsera(s) - bracelet(s)
puso - s/he put

Q

que - that
qué - what
quería - s/he wanted
querían - they wanted
quien - who
quién - who
quiere - s/he wants
quieren - they want
quiero - I want
quinto - fifth
quizás - maybe; perhaps

R

rápidamente - quickly
rápido - fast
ratas - rats
ratón - mouse
(tenía) razón - she was right
realidad - reality
realizando - fulfilling, completing
realmente - really
recibían - they received

recibieron - they received
recibió - s/he received
recibir - to receive
reciclados - recycled
recipiente - recipient
reconocen - they recognize
reconocido - recognized
recuperado - recovered; recuperated
recuperar - to recover; to recuperate
redes - nets
reducción - reduction
reducido - reduced
reducir - to reduce
redujo - s/he reduced
reforzar - to strengthen
regiones - regions
regresaban - they returned
regresan - they return
regresarían - they would return
regresaron - they returned
regresó - s/he returned
regula - s/he regulates
regularidad - regularity
reintroducir - to reintroduce
(se) remueva - remove
renovable(s) - renewable
renovaciones - renovations

Sostenible

rentaban - they rented
rentar - to rent
reportar - to report
representa - s/he represents
representar - to represent
reproducción - reproduction
reproducir - to reproduce
(que) reprodujera - (that) s/he reproduce
residentes - residents
respetuosos - respectful
respiramos - we breathe
respondieron - they responded
responsabilidad - responsability
responsable(s) - responsible
restauración - restauration
restaurantes - restaurants
(como) resultado - (as a) result
revista - magazine
rica - rich
ríos - river
rol - role
rurales - rural

S

sabe - s/he knows
sabía - s/he knew
sabían - they knew
salario - salary
salarios - salaries
sale - s/he leaves
salía - s/he left
(que) saliera - (that) s/he leave
salió - s/he left
salud - health
salvar - to save
salvarlo - to save it
salvavidas - lifeguard
saneamiento - sanitation
(que) sean - (that) they be
secundaria - secondary
segmento - segment
segregada - segregated
(días) seguidos - days in a row
seguir - to follow
según - according to
seis - six
selva - forest
semana(s) - week(s)
sentirse - to feel
sentó - s/he sat
septiembre - September
ser - to be
seres (humanos) - (human) beings
servicios - services
servirles - to serve them
sexto - sixth

si - if
sí - yes
(ha) sido - (s/he has) been
siempre - always
siendo - being
(que) sientan - (that) they feel
(me) siento - I feel
(que) sigan - (that) they follow
significa - it means
sigue - s/he follows
siguiente - next
(que) siguiera - (that) it continue
siguió - s/he continued
simbólica - symbolic
símbolo - symbol
similar - similar
simplemente - simply
sin - without
sino - rather
sirven - they serve
sitio - site
situación - situation
situado - situated
sobre - about
sobrevivir - to survive
social - social
sociedad - society
sola - alone

solamente - only
solar - solar
solares - solar
sólidas - solid
solitario - solitary
solo - only; alone
solución - solution
solucionar - to solution
solucionarlo - to solve it
soluciones - solutions
son - they are
sorprendieron - they surprised
sorpresa - surprise
sostenible(s) - sustainable
su(s) - his/her; their
submarina - submarine
suecia - Sweden
sueño(s) - dream(s)
suficiente(s) - sufficient
sufriendo - suffering
sufrir - to suffer
suiza - Switzerland
superficie - surface
surfear - to surf
surfistas - surfers
sustentabilidad - sustainability
suyo - his; hers; theirs

Sostenible

T

también - too; also
tan - as
tanto(a) - so much
tantos - so many
tarde - late
taxidermia - taxidermy
taxis - taxis
técnicas - techniques
televisada - televised
temperatura(s) - temperature
tener - to have
(que) tenga - (that) s/he have
tenía - s/he had
tenían - they had
tenido - had
terrestres - land
tiempo - time
tiene - s/he has
tienen - they have
tienes - you have
tierra - Earth
típica - typical
tipo(s) - type(s)
titulación - degree
título - degree
todavía - still
todo(a) - all

todos(as) - all; everyone
tomando - taking
tomar - to take
(que) tomen - (that) they take
tomó - s/he took
toneladas - tons
tormentas - storms
tortuga(s) - turtle(s)
tortuguitas - little turtles
trabaja - s/he works
trabajado - worked
trabajadores - workers
trabajan - they work
trabajando - working
trabajar - to work
trabajo(s) - job(s)
transporte - transportation
trastorno - disorder
tratado - treated
tratando - treating
trataron - they treated
tres - three
triste(s) - sad
tropical - tropical
turbinas - turbines
turismo - tourism
turistas - tourists
turísticas - touristic
(que) tuvieran - (that) they have

Glosario

tuvieron - they had
tuvo - s/he had

U

última - last
un - a; an
unidos(as) - united
unisex - unisex
universal - universal
universidad - university
universitario(a) - university
universitarios(as) - university
uno(a) - a; an
unos(as) - some
usa - s/he uses
usado - used
usan - they use
usando - using
usar - to use
(que) usaran - (that) they use
usaron - they used
uso - use

V

va - s/he goes
vacaciones - vacations
valiente - valiant; brave
valor - value
van - they go

vapor - vapor
varios(as) - various
veces - times
vegetación - vegetation
vegetales - vegetables
veinte - twenty
vender - to sell
venderles - to sell them
vendían - they sold
vendiendo - selling
vendieron - they sold
venía - s/he came
venta - sale
ver - to see
verde - green
vez - time
vi - I saw
viajar - to travel
vida - life
vidas - lives
video - video
vidrio - glass
vieja - old
viendo - seeing
viento - wind
viernes - Friday
vieron - they saw
vio - s/he saw
viral - viral

Sostenible

visible - visible
visita - s/he visits
visitado - visited
visitan - they visit
visitando - visiting
visitantes - visitors
visitar - to visit
visto - seen
vitales - vital
vive - s/he lives
viven - they live
vivía - s/he lived
vivían - they lived
vivido - lived
viviendo - living
vivieron - they lived
vivir - to live
vivirían - they would live
volcanes - volcanoes
volcánico - volcanic
voluntarios(as) - volunteers

Y

y - and
ya - already
yo - I

Z

zona - zone